China
Klassische Reiseziele
Die Verbotene Stadt in Peking

Lionello Lanciotti

W0189742

Atlantis

Ins Deutsche übertragen von
Heli Tortora

Redaktion
Dr. Dieter Struss

Titel der Originalausgabe
Pechino, la Citta Proibita

Herausgeber der Reihe
Silvio Locatelli und Marcella Boroli

Lizenzausgabe 1989 für
Manfred Pawlak Verlagsgesellschaft mbH, Herrsching
© Istituto Geografico de Agostini SpA – Novara
Alle Rechte vorbehalten
Printed in Italy, New Interlitho S. p. a. – Trezzano
ISBN 3-88199-605-2

Im Haus des »Himmelssohnes«

Fragt man in Peking einen Chinesen nach dem Weg, so wird man zur Antwort erhalten, daß die bewußte Straße sich im Norden oder Südosten oder in einer anderen Himmelsrichtung befindet; die Unterscheidung »rechts« und »links« ist den Chinesen wenig bekannt, und es wäre wohl nützlich, in China als Orientierungshilfe einen Kompaß bei sich zu tragen, wobei man jedoch bedenken muß, daß die Nadel eines chinesischen Kompasses nicht nach Norden, sondern nach Süden zeigt.

Trotzdem ist es nicht schwer, sich in Peking zurechtzufinden, zumindest im Peking der Denkmäler, denn es ist eine Stadt oder besser eine Städtehäufung, die auf einem regelmäßigen Grundriß errichtet ist. Während der Regierungszeit der letzten beiden Dynastien (Ming 1368–1644 und Qing 1644–1911) war Peking in eine Äußere Stadt im Süden, die sogenannte Chinesenstadt, und eine Innere Stadt im Norden, die Tatarenstadt, unterteilt; noch heute ist im Nordteil der alte zentrale Teil, die fast viereckige sogenannte Kaiserstadt (Huang cheng), zu erkennen. Sie liegt an einer nahezu perfekten Nord-Süd-Achse und umschließt einen ebenfalls rechteckigen Kern, die sogenannte »Verbotene Stadt«.

Betrachtet man einen Stadtplan von Peking, so findet man eine Art »Schachtelstadt« vor sich, eine Stadt in Form von konzentrischen Rechtecken, jedes aus einem von Mauern umgebenen Gebiet bestehend. Der zentrale Teil ist die Verbotene Stadt, manchmal auch »Purpurne Verbotene Stadt« (Zi jin cheng) genannt, die ihrerseits den Kaiserpalast (Gugong) enthält. Die Purpurfarbe, bei den Chinesen Symbol des Polarsterns, bedeutete, daß der Palast das kosmische Zentrum war, die Mitte eines Reiches, das sich selbst als kosmisches Zentrum, als »Reich der Mitte« verstand. Bereits unter der Mongolendynastie der Yuan (1271–1368), als Marco Polo an den Hof des Kublai Khan kam, befand sich der Kaiserpalast vermutlich an dieser Stelle; die von Marco Polo gelieferte Beschreibung ist minuziös. Nicht nur war »der Palast von einer viereckigen Mauer umgeben, an jeder Seite eine Meile«, sondern »in dieser Mauer befanden sich an der Südseite fünf Tore und in der Mitte ein riesengroßes Tor, das nie geöffnet oder geschlossen wird, außer der Große Khan zieht hindurch...«. Der venezianische Weltenbummler ist höchst beeindruckt von den mit Gold und Silber bedeckten Wänden, von den Gärten und künstlichen Seen. Nichts jedoch ist davon übriggeblieben.

Es war der dritte Kaiser der Ming-Dynastie, Yongle (1403–1424), der seine Hauptstadt wieder nach Peking verlegte; er begann, den Palast wieder aufzubauen, und bestimmte den architektonischen und topographischen Plan der Stadt, so wie er in großen Zügen bis heute geblieben ist. Die Arbeiten wurden 1407 aufgenommen und dauerten dreizehn Jahre, zweihunderttausend Arbeiter und Handwerker waren mit dem Bau beschäftigt. In den fünf folgenden Jahrhunderten wurden die verschiedenen Gebäude, aus denen die »Stadt« besteht, mehr als einmal erneuert, vergrößert, restauriert; der Großteil der Bauwerke, wie sie sich heute darstellen, stammt aus dem 18. Jahrhundert.

Was den Besucher am meisten erstaunt, ist die verschwenderische Verwendung von Marmor, die mächtigen, rot bemalten Mauern mit ihren gelben Ziegeln (gelb war die Farbe des Kaisers), die bunten Holzhäuser, die ständig restauriert werden, und die unendlich weiten Plätze. Heute kann man in der Kaiserstadt jedes Bauwerk besichtigen, jeden Saal, jeden Tempel; früher hatten nur wenige Würdenträger und Beamte Zutritt zur Kaiserstadt, und die Verbotene Stadt war sogar nur einem verschwindend kleinen Kreis von Personen zugänglich. Aber auch wenn dieser Teil der Stadt nicht mehr geheim und »verboten« ist, so fühlt sich doch jeder, der aus dem übervölkerten, lärmenden, hupenden und mit vielen Tausend Fahrrädern bestückten Peking dorthin kommt, in ein fremdes, faszinierendes Zeitalter versetzt; so, wie man, wenn man vom Kölner Bahnhofsvorplatz kommend, im Kölner Dom plötzlich eine seltsame, irreale Atmosphäre der Ruhe wiederfindet.

Im Palast

Der Platz vor dem »Tor zum Himmlischen Frieden« (Tian-an men) ist der größte in der chinesischen Hauptstadt und der größte Platz der Welt überhaupt; er kann als das eigentliche Zentrum Pekings betrachtet werden. In seinem Südteil steht noch eines der antiken Tore, das Qian-men; zu dessen Seiten befinden sich der Palast der Volksversammlung und das Historische Museum. Im Norden wird der Platz von einer langen roten Mauer begrenzt, in deren Mitte sich das Tor des Himmlischen Friedens erhebt; tatsächlich hat dieses Tor fünf Portale, von denen jedes über eine kleine marmorne Brücke zu erreichen ist. Die zwei weißen Marmorsäulen (hua biao) mit den flügelförmigen Verzierungen vor den Brücken symbolisieren den »rechten Weg«, den der Kaiser gehen mußte; sie dienten aber auch den Untertanen als »Zettelsäulen«, an die sie außerhalb der Palasttore Kritiken, Vorschläge und Denkschriften anbringen konnten. Nur der Kaiser durfte durch das zentrale Portal den Palast betreten; alle anderen mußten zu Fuß durch eines der vier anderen Portale gehen. Am Eingang zur Kaiserstadt trifft man, vom weiten Platz vor dem Tor des Himmlischen Friedens kommend, die ersten beiden steinernen Löwen aus der Ming-Zeit. Eine Geschichte berichtet, daß dem Rebellenführer Li Zicheng, als er

1644 nach dem Sturz der Ming-Dynastie in Peking einzog, zwei Löwen den Weg zur Kaiserstadt versperrten. Li Zicheng schoß einige Pfeile auf sie ab, und die Löwen verschwanden, und an ihrer Stelle erblickte er zwei steinerne Tiere als Wächter der Stadt. Im Inneren der Verbotenen Stadt begegnet man weiteren Löwen aus Stein oder Bronze. Es sind jeweils Paare, von denen der männliche Löwe die linke Pranke auf einem Ball hält, während die Löwin mit einem Jungen spielt.

Man muß noch zwei Tore durchschreiten, das Südtor (Duan-men) und das Mittagstor (Wu-men), um in die eigentliche Verbotene Stadt zu gelangen. Das Mittagstor, 1420 erbaut und mehrmals restauriert, ist ein mächtiger Komplex, von fünf Pavillons bekrönt, (volkstümlich die »fünf Phönixe« genannt); an dieser Stelle nahm der Kaiser die Truppenparaden nach einer siegreichen Schlacht ab, und hier setzte er den neuen Kalender für das kommende Jahr fest, eine seit dem Altertum höchst wichtige Zeremonie.

Zu beiden Seiten des Mittagstores befinden sich zwei sehr interessante Tempel, ein Tempel für den Ahnenkult der Dynastie und ein Tempel für die Gottheiten der Erde und des Getreides, die Schutzgötter des chinesischen Kaiserreiches. Jenseits dieses Tores öffnet sich ein weiter Platz, der von Ost nach West von einem bogenförmigen Flußlauf durchzogen ist, dem »Goldwasser-Fluß« (Jinshui ho); auch über ihn führen fünf Marmorbrücken, größer als die ersten. Die Fünf war für die Chinesen eine wichtige Zahl; fünf Tugenden gab es und fünf heilige Berge, fünf Farben und sogar fünf Himmelsrichtungen, denn der Mittelpunkt wurde ebenfalls als Himmelrichtung betrachtet. Fünf war die Zahl der Elemente; die Symbolik der Zahl fünf ist uralt und hat ihren Ursprung in einer Zeit, die noch vor unserer christlichen Zeitrechnung liegt. Dieser riesige

Platz weist an seiner Ost- und Westseite je ein Tor auf, die beide in andere Bereiche der Kaiserstadt führen. Direkt dem durch das Mittagstor eintretenden Besucher gegenüber befinden sich drei weitere Tore, von denen das größere in der Mitte das Tor der Höchsten Harmonie ist (*Tai-he-men*).

Hat man dieses Tor durchschritten, so findet man sich auf dem größten Platz innerhalb der Kaiserstadt. In seinem Mittelpunkt erheben sich auf der Nord-Süd-Achse über einem dreigeschossigen Marmorsockel die drei Hallen der Harmonie: die Halle der Höchsten Harmonie (*Taihe dian*), die Halle der Vollkommenen Harmonie (*Zhonghe dian*) und die Halle der Erhaltung der Harmonie (*Baohe dian*). Diese Gebäude sind von einfacher Bauart mit quadratischem oder rechteckigem Grundriß (meist von einem Portikus umgeben) und mit dem klassischen Pagodendach, einer architektonischen Form, die viel Anlaß zu Vermutungen gegeben hat. Viele sehen darin eine Erinnerung an Zelte; die Chinesen sind jedoch ein seßhaftes Bauernvolk und keine Nomaden und benützten deshalb von jeher eine andere Form der Behausung. An den Ekken der Dächer ist häufig eine ganze Reihe von kleinen Skulpturen angebracht: Drachen, Phönixe, Löwen, Einhörner, geflügelte Pferde und andere Fabelwesen. Auch dafür gibt es eine Geschichte: Im Reich der Ji wurde der Prinz Min nach einer Niederlage im Jahre 283 v. Chr. an der Ecke eines Daches aufgehängt und dort gelassen, bis er Hungers starb. Zur Erinnerung an seine Tyrannei schmückten seine ehemaligen Untertanen ihre Dächer mit seinem Abbild, wie er auf einer Henne reitet; und um zu verhindern, daß die Henne wegläuft, wurde ein monströses Tier in Form eines Drachen hinzugefügt. Die vielen anderen Tiere kamen erst Jahrhunderte später dazu, während der Zeit der Ming-Dynastie.

Der erste Pavillon hat im Laufe der Zeit zahlreiche Restaurierungen erfahren; er ist auf einer dreigestuften Terrasse erbaut, die man über Marmortreppen erreicht. Im Mittelpunkt des Innenraumes erhebt sich, nach Süden gerichtet, der kaiserliche Thron, der »Drachenthron«. Die wichtigsten Zeremonien wurden hier abgehalten, wie z. B. die Thronbesteigung des Kaisers, die Feiern zu seinem Geburtstag, das Fest der Wintersonnenwende; hier wurden die Sieger der literarischen Wettbewerbe bekanntgegeben, die daraufhin die Laufbahn eines Beamten und Mandarins einschlagen würden.

Auch im Mittelpunkt des zweiten Pavillons steht ein Thron. In diesem Raum bereitete sich der Himmelssohn auf den Eintritt in die Halle der Höchsten Harmonie vor. Auch in diesem Thronsaal blickte der Herrscher nach Süden und jeder, der sich ihm näherte, mußte das Gesicht nach Norden gewandt halten, wie es die alten Rituale geboten. In diesem zweiten Pavillon wurden dem Kaiser im Herbst die Früchte des Ackers gereicht, der um den Tempel des Ackerbaus angelegt war und auf dem der Herrscher einmal im Jahr die Zeremonie des Pflügens vollzog. Diese Zeremonie wurde 1756 in Frankreich von Ludwig XV. nachgeahmt und im Jahr 1769 von Kaiser Josef von Österreich sowie vom Erzherzog der Toskana.

Auch der dritte Pavillon birgt in seinem Inneren einen Thron. In diesem Saal wurden während der letzten Dynastie die Gesandten aus fremden Ländern empfangen; hier hielt man auch die höheren literarischen Prüfungen ab, deren Bestehen zum Tragen des Titels eines *Jin shi* ermächtigte. Die literarischen Prüfungen verschiedener Schwierigkeitsgrade, die in China von der Dynastie der Han mit einigen Unterbrechungen bis zum Jahr 1905 durchgeführt wurden, brachten im vergangenen Jahrhundert die Behörden und Verwaltungen im

Westen auf den Gedanken, öffentliche Bewerbungsverfahren für die Beamtenlaufbahn auszuschreiben. In diesem Saal und in den seitlichen Galerien sind heute viele der bedeutendsten künstlerischen Meisterwerke Chinas ausgestellt.

Hat man diese drei Pavillons besichtigt, steigt man von der Marmorterrasse in den großen, hinter diesem Komplex liegenden Hof herab.

Hier gibt es eine zweite Gruppe mit drei Bauwerken, auch sie auf einem Marmorsockel errichtet. Es sind die sogenannten »drei hinteren Paläste« (*Hou san gong*), der Palast der Himmlischen Reinheit (*Qianqing gong*), der Pavillon des Gegenseitigen Wohlbefindens (*Jiaotai dian*) und der Palast der Irdischen Ruhe (*Kunning gong*).

Um auf die Terrasse dieser drei Gebäude zu gelangen, muß man durch das Tor der Himmlischen Reinheit (*Qianqing men*) gehen, vor dem zwei herrliche vergoldete Bronzelöwen Wache stehen. Dieses Tor ist eines der ältesten Bauwerke; während der Ming-Dynastie hörten sich die Kaiser hier im Freien die Berichte ihrer Beamten an. Vor dem Palast der Himmlischen Reinheit stehen auf der Terrasse riesige Räucherbecken aus vergoldeter Bronze, sowie bronzene Schildkröten und Phönix-Skulpturen. Schildkröte, Phönix, Einhorn und Drachen sind das Sinnbild der Unsterblichkeit und sind oft dargestellt, entweder als Skulpturen oder in Reliefs. Die ersten Kaiser der letzten Dynastie hielten es wie ihre Vorgänger der Ming-Dynastie und benützten diesen Palast als Schlafraum; später wurde er als Audienzsaal verwendet, und manchmal war hier auch die Kaiserin bei den Audienzen zugegen. Auch hier steht im Zentrum ein Thron.

Der Pavillon des Gegenseitigen Wohlbefindens ist der kleinste von allen. Ursprünglich als Thronsaal für die Kaiserin gedacht, wurde

er vom Kaiser Qian-long (1736–1796) als Aufbewahrungsraum für die kaiserlichen Siegel verwendet.

Die eigentliche Residenz der Kaiserinnen der Ming-Dynastie war der Palast der Irdischen Ruhe. Durch ein Tor, das ebenfalls den Namen »Irdische Ruhe« trägt (*Kunning men*), betritt man den kaiserlichen Garten (*Yuhua yuan*) mit jahrhundertealten Bäumen aus der Ming-Zeit, wo Kaiser Qian-long einige wunderschöne Gedichte verfaßte. Im Mittelpunkt dieses Gartens steht die Halle der Kaiserlichen Ruhe (*Qinan dian*), deren Eingang von zwei Einhörnern (*Qilin*) aus vergoldeter Bronze bewacht wird. Man verläßt den Garten durch das Tor der Göttlichen Kühnheit (*Shenwu men*); hier endet die Verbotene Stadt im Norden. Die bisher verfolgte Route zieht sich an der in Nord-Süd-Richtung verlaufenden Mittelachse hin; man darf jedoch die Seitenachsen nicht vergessen. Westlich des Tores der Himmlischen Reinheit kommt man über einen Korridor zur westlichen Achse; wendet man sich noch einmal in nördliche Richtung, so gelangt man nach dem Palast des Geistigen Wachstums (*Yang-xin dian*), der von den letzten drei Kaisern bevorzugten Residenz, zum Komplex der Sechs Westlichen Paläste (*Xiliu gong*), der die Wohngebäude der Kaiserinnen und kaiserlichen Konkubinen umschließt.

Östlich des Tores der Himmlischen Reinheit befindet sich, aus Gründen der Symmetrie, ein zweiter Korridor, der zur östlichen Achse führt; auch hier wendet man sich nach Norden und trifft auf den Palast der Enthaltsamkeit (*Zhai gong*), einem der jüngsten Bauwerke, das aus dem Jahr 1731 stammt; augenblicklich ist dort eine reiche Ausstellung antiker heiliger Bronzen untergebracht. Den Weg fortsetzend erreicht man die Sechs Östlichen Paläste (*Dongliu gong*), auch sie einstmals Wohnstätte der Damen des Palastes. Östlich des Palastes der

Enthaltsamkeit steht der Pavillon des Ahnenkults (*Fengxian dian*), in dem die Ahnen der kaiserlichen Familie verehrt wurden.

Noch weiter gegen Osten gelangt man über verschiedene Brücken und Höfe zum Palast der Ruhe und des Langen Lebens (*Ningshou gong*). In drei, immer in Nord-Süd-Richtung verlaufenden, zusammenhängenden Sälen sind heute einige der Meisterwerke aus den kaiserlichen Sammlungen ausgestellt.

Zurück in der Zeit

Warum wurde die Verbotene Stadt wiederaufgebaut, so daß sie kosmisches Zentrum der Hauptstadt und des Reiches wurde? Um darauf eine Antwort zu finden, muß man in die Anfänge zurückgehen. Bei der Errichtung einer Stadt verlangt eine der wichtigsten Regeln, den Grundriß der Stadt im Einklang mit den vier Himmelsrichtungen anzulegen. Die Umfriedungsmauer muß quadratisch oder rechteckig verlaufen. Das Haupttor befindet sich in der Regel im Süden und die wichtigsten religiösen Bauwerke (Tempel, Gräber) werden im südlichen Teil der Stadt errichtet: die Hauptgötter der alten, vorkonfuzianischen Religion sind der Himmel und die Götter der Erde und des Weizens. Es ist demnach kein Zufall, daß in Peking der Altar des Himmels und der Tempel des Ackerbaus sich im südlichen Teil der Stadt befinden.

Nach dem Sturz der mongolischen Invasoren-Dynastie der Yüan, die von Norden kommend das ganze Reich erobert hatten, entschied die Ming-Dynastie in ihrem Restaurierungsbestreben, wieder in den Norden des Landes zu gehen und Peking zur neuen Hauptstadt zu machen. Peking war eine sehr alte Ansiedlung, eine Grenzstadt, denn die politische, wirtschaftliche und kulturelle Expansion Chinas war in den vergangenen Jahr-

hunderten hauptsächlich in zwei Richtungen verlaufen: gegen Süden und gegen Mittelasien. Bereits unter den nichtchinesischen Dynastien der Liao (937–1125) und der Jin (1210–1234) war Peking die Hauptstadt gewesen, vor allem war es jedoch die Hauptstadt Kublai Khans gewesen. Damals hieß es auf Mongolisch Khanbaliq und auf Chinesisch Ta-tu; es war eine vielschichtige Stadt, ein riesiger Komplex von Palästen, Höfen, Gärten sowie Jurten, den Filzzelten der Mongolen. Zuerst wählten die Ming-Kaiser Nanking als Hauptstadt; der dritte Ming-Kaiser beschloß dann jedoch, das politische Zentrum und den Regierungssitz nach Peking zu verlegen und begann mit dem Wiederaufbau der Stadt. Gründe für die Verlegung gab es zahlreiche, von politisch-militärischen bis zu klimatischen Überlegungen. Bei der Rekonstruktion der Hauptstadt wurden die Prinzipien der Geomantie (*feng shui*) streng beachtet. So beseitigte man zum Beispiel ein Tor in der Umfriedungsmauer, das von einem der Mongolenherrscher errichtet worden war und das unheilvolle Ausstrahlungen auf die kaiserlichen Paläste haben konnte.

Nach Meinung einiger Wissenschaftler könnten auch der sogenannte Kohlenhügel (*Mei shan*) im Norden der Verbotenen Stadt und seine fünf Spitzen mit der Geomantie und mit taoistischen Überzeugungen verbunden sein. Dieser Hügel besteht in Wirklichkeit aus einer Reihe von fünf Aufschüttungshügeln; die Überlieferung, nach deren Theorie die Ming-Kaiser hier Kohle anhäufen ließen, wird durch die in letzter Zeit angestellten Untersuchungen nicht bestätigt. Auf jedem der fünf Hügel ließ Kaiser Qian-long einen kleinen Pavillon erbauen; zu Füßen eines dieser Pavillons steht ein verdorrter Baum, an dem sich im Jahre 1644 der letzte Kaiser der Ming-Dynastie, Chong zhen, erhängt haben soll. Zweifellos verwendeten die Ming-Architekten beim Wiederaufbau Pekings nicht nur die alte Hauptstadt Nanking als Modell, sondern sie befolgten auch bis zu einem gewissen Grad die Gebote aus einem berühmten chinesischen Ritenbuch, dem *Zhou li* (Rituell der Zhou), das, vermutlich in den ersten Jahrhunderten unserer christlichen Zeitrechnung verfaßt, jeden Augenblick im Leben und in den gesellschaftlichen Beziehungen der Chinesen streng reglementierte.

Wie erschien nun die Kaiserstadt den ersten Reisenden, die aus dem Westen nach Peking kamen? Der Jesuit Matteo Ricci aus Macerata in Süditalien beschrieb sie 1598 wie folgt: »Der Palast des Königs steht innerhalb der inneren Mauer, gleich hinter dem südlichen Tor, und umfaßt bis zum nördlichen Tor alles, was sich in der Mitte befindet, weshalb alle anderen Bewohner zu beiden Seiten des Palastes ihre Häuser haben; und so scheint es, als ob der Palast des Königs die ganze Stadt besetze. Er ist kleiner als der Palast in Nanking, aber um ein Vielfaches schöner, besonders da jener durch des Herrschers Abwesenheit immer mehr verfällt und dieser durch die Anwesenheit des Königs jeden Tag immer wieder erneuert wird.« Bemerkenswert an dieser rund vierhundert Jahre alten Zeugenaussage sind die Schilderung des Eindrucks, den die Stadt auf den von außen kommenden Beobachter machte, und der Hinweis auf die ständigen Erweiterungs- und Restaurierungsarbeiten.

Es liegt nicht in unserer Absicht, allen von westlichen Besuchern gelieferten Beschreibungen zu folgen, aber sicher lohnt es die Mühe, Beobachtungen und Bewertungen zu studieren, die zweihundert Jahre später aufgeschrieben wurden. So erschien gegen Ende des 18. Jahrhunderts in Paris die berühmte Sammlung der »Mémoires concernant les Chinois« (Erinnerungen, die Chinesen betreffend) mit Schilderungen und Berichten über China und die Kultur dieses fernen Landes. Darin beschrieb in einer Abhandlung über die chinesische Architektur, die »wie alle anderen Künste auf *routines* (Erfahrung) und nicht auf Regeln zurückgeführt ist«, im Jahr 1777 ein unbekannter Missionar die Verbotene Stadt wie folgt: »Die Paläste des Kaisers sind wahrhaftige Paläste und verkünden die Größe des Herrn, der dort wohnt, mit der Unendlichkeit, Symmetrie, Erhabenheit, Regelmäßigkeit, Pracht und Herrlichkeit ihrer zahlreichen Bauwerke. Der Louvre hätte gut in einem der Palasthöfe von Peking Platz, und vom ersten bis zum letzten Gemach des Kaisers zählt man eine ganze Reihe solcher Höfe, ohne all die Nebengebäude und Nebenhöfe zu berücksichtigen. Alle Missionare, die wir bis jetzt aus Europa kommen sahen, waren beeindruckt von dieser Größe, vom Reichtum und der Macht des Palastes in Peking. Alle haben zugegeben, daß, wenn auch die einzelnen Teile dieses Palastes die Augen nicht in gleichem Maße entzücken wie die schönsten Beispiele der großen europäischen Architektur, doch das Gesamtwerk einen Anblick bietet, auf den sie durch nichts von dem, was sie früher gesehen hatten, vorbereitet worden wären. Dieser Palast mißt 236 Klafter und zwei Fuß von Osten nach Westen und 236 Klafter und neun Fuß von Norden nach Süden. Dazu muß man noch die drei vorderen Höfe zählen, die, obwohl von noch größeren Gebäuden als die anderen umgeben, in dieser Maßangabe noch nicht enthalten sind. So viele Tausende von Klafter (ein Klafter entspricht zehn Fuß), alle bedeckt oder umgeben von Türmen, Galerien, Laubengängen, bedeutenden Sälen und Bauwerken, bringen eine umso größere Wirkung hervor, da die Formen sehr unterschiedlich und die Proportionen höchst einfach sind, die Stockwerke äußerst gut abgestimmt und das Ganze einem einzigen Zweck verbunden ist: alles wird immer schöner, je näher man dem Thronsaal und den Gemächern des Kaisers kommt. Die seitlichen Höfe können nicht mit den zentralen verglichen werden, noch die ersten mit den folgenden. Das gilt auch für die übrigen Bauwerke. Die letzten Höfe, aus zitronengelb lakkierter, reich mit Reliefornamenten verzierter Majolika, übertreffen an Schönheit und Reichtum alle anderen. Von den Gold- und Lackfarben, die den großen Bauten solche Pracht verleihen, wollen wir schweigen, damit wir im Leser nicht den Eindruck erwecken, er habe eine Schnupftabakdose oder ein Toilettenkästchen vor sich… Ganze Bände wären nötig, um die Paläste des Kaisers in- und außerhalb der Hauptstadt, in der Provinz und jenseits der Großen Mauer vollständig zu beschreiben. Aber da gewisse Vorstellungen sich leicht erhitzen und aus einem Funken schnell ein Feuer werden kann, wollen wir sogleich darauf hinweisen, daß diese Paläste alle sehr unterschiedlich sind und daß die Politik, obwohl sie die Paläste erbaut hat, um die Majestät des Thrones zu beweisen und die Macht eines der größten Reiche der Welt darzustellen, doch auch daran gedacht hat, diese Paläste alle kleiner, weniger großartig, weniger reich verziert zu erbauen, als es der Palast von Peking ist.«

Das Leben in der Verbotenen Stadt

Die Verbotene Stadt ist der Mittelpunkt des Reiches; sie ist zugleich die Residenz des Kaisers und seines Hofes. »Reich« heißt auf chinesisch *tianxia*, das bedeutet »alles, was unter dem Himmel ist«. Bereits in den ältesten chinesischen Schriftrollen findet man diese Identifikation des Staates mit der Welt, das Konzept einer universellen, weltumfassenden Monarchie. China ist von Barbarenvölkern umgeben,

die sich alle als seine Vasallen betrachten müssen und dem Himmelssohn regelmäßig Tribut zollen. Während der Regierungszeit des Kaisers Qian-long trifft in der Verbotenen Stadt eine englische Abordnung ein; sie ist von König George III. geschickt und soll sich unter der Leitung von Lord Macartney um eine Verbesserung der Handelsbeziehungen bemühen. Der englische Gesandte verweigert dem Kaiser die üblichen Verbeugungen (*ko-tou*), mit denen er indirekt die Vasallenschaft Englands gegenüber China zum Ausdruck bringen soll. Die Mission schlägt fehl. Im Jahr 1816 ist einer anderen englischen Gesandtschaft unter Lord Amherst aus dem gleichen Grund das gleiche Los beschieden; der Kaiser schreibt an König George III.: »Wenn Ihr unsere Herrschaft aufrichtig anerkennt und Euch unterwürfig zeigt, ist es überhaupt nicht nötig, jedes Jahr Missionen an unseren Hof zu schicken, nur um zu beweisen, daß Ihr doch unser Vasall seid.«

Der in der Verbotenen Stadt lebende Kaiser wird von den Chinesen mit der Bezeichnung *Hungdi* (Erlauchter Beherrscher) angesprochen, einer Anrede, die zuerst im Jahr 221 v. Chr. vom ersten Herrscher der Qin-Dynastie verwendet wurde. Eine andere Bezeichnung ist *Tinazi*, »Sohn des Himmels«, wobei der Kaiser nicht etwa eine göttliche Abstammung geltend macht wie bis vor wenigen Jahrzehnten noch der Tenno in Japan. Der Himmel (*Tian*) war seit den Anfängen der Geschichte die höchste Gottheit; der Himmel kann einen Menschen beauftragen, in seinem Namen die Welt zu regieren; dieser Mensch ist somit der Gründer einer Dynastie, die das »himmlische Mandat« (*tianming*) erworben hat, das heißt die Aufgabe, der Regierung vorzustehen. Der Himmel kann dieses Mandat einem Herrscher aber auch entziehen, wenn sich während seiner Herrschaft die Harmonie, das oberste Prinzip, auflöst, wenn er ein schlechter Kaiser ist.

Dann folgt eine andere Dynastie der vorhergehenden, und der Wechsel wird legitimiert.

Abgesehen von wenigen Ausnahmen ist der chinesische Kaiser ein herrschender und kein regierender Souverän. Es gibt sechs Ministerien (liu bu) und weitere Organe wie zum Beispiel den Privaten Rat des Kaisers und den Staatsrat (seit 1729). Der Apparat der Bürokratie ist allumfassend, dennoch gibt es in der Verbotenen Stadt eine äußerst mächtige Gruppe, die häufig mit der Staatsverwaltung konkurriert oder sich ihr sogar entgegenstellt: die Eunuchen.

Die Monogamie wird in China erst im 20. Jahrhundert eingeführt. Bis dahin konnte jeder Chinese neben seiner Ehefrau noch eine oder mehrere Konkubinen haben, und die Kaiser entzogen sich diesem Brauch natürlich nicht. In der kaiserlichen Familie gab es die erste Ehefrau, die Kaiserin (huanghou), und dazu eine ganze Schar von Zweitfrauen und kaiserlichen Konkubinen (fei oder pin); in der Qing-Dynastie wurden die Konkubinen aus dem Mandschu-Adel ausgewählt. Ein kaiserlicher Harem zählte einige Dutzend Frauen, manchmal auch mehr als hundert; aus diesem Grund wurden die Eunuchen benötigt, damit sie die Frauen und Konkubinen im Harem bedienten. Kaiser Kangxi (1662–1723) hatte mit seinen Frauen fünfundzwanzig Söhne und zwanzig Töchter. Trotzdem war er gezwungen, das Personal in der Verbotenen Stadt auf dreihundert zu reduzieren, während bekannt ist, daß in der vorhergehenden Dynastie der Ming einige Tausend Diener und Beamte im Dienste des Hofes standen.

Während der Ming-Dynastie war die Macht der Eunuchen ungeheuer groß, und zu gewissen Zeiten beeinflußten sie entscheidend auch das politische Leben des Reiches; so befürworteten sie die politisch-wirtschaftliche Expansion Chinas. Man erinnere sich nur an die zahlreichen Expeditionen der Flotte in die südlichen Meere, den Indischen Ozean oder an die Küsten Ostafrikas in der Zeit zwischen 1405 und 1430. Mit der letzten Dynastie der Mandschu-Kaiser verringerte sich die Macht der Eunuchen, so daß sie sich nur mehr mit ihren eigentlichen Aufgaben befaßten.

Eine wichtige Stellung am Hofe konnte nach dem Tod des Kaisers die Kaiserwitwe (huang taihou) einnehmen; besaß sie eine genügend starke Persönlichkeit, wie zum Beispiel die berühmte, 1908 verstorbene Ci Xi, dann mischte sie sich auch in die Politik ein und beeinflußte entscheidend die Geschicke des Reiches. So brachte Ci Xi mit Unterstützung konservativer Gruppen die Reformbewegung von 1898 zum Scheitern; sie ließ den reformwilligen Kaiser Guangxu in einem der Paläste in der Verbotenen Stadt gefangensetzen, verließ während des Boxeraufstandes (Yihetuan) im Jahr 1900 die Hauptstadt und bestimmte nach dem Tode Guangxus (1908) den zweijährigen Puyi zum Nachfolger.

Ein unbekannter Missionar des 18. Jahrhunderts schrieb, daß »Gemälde und Malereien als Dekoration der großen kaiserlichen Wohnungen keine Rolle spielen. Die Majestät des Thrones erlaubt keinen anderen Schmuck als Einfaches, Hehres, Edles, so wie der Thron selbst ist. Malereien sind auf Arbeitszimmer, Galerien und auf die Gartenhäuser beschränkt« (Mémoires concernant les Chinois). Tatsächlich befanden sich die kaiserlichen Gemäldesammlungen, die heute im Palastmuseum von Formosa aufbewahrt sind, nicht in den Wohnräumen des Kaisers, sondern in anderen Räumen innerhalb der Verbotenen Stadt.

Die Kaiser der letzten beiden Dynastien, die in der Verbotenen Stadt wohnten, waren nicht nur große Kunstsammler wie ihre Vorgänger der Tang-(618–907) und Song-(960–1227) Dynastie, sondern oft versuchten sie sich selbst als Dichter und Künstler. Ein Gebäude im Westteil der Palaststadt, der Pavillon der Militärischen Kühnheit (*Wuying dian*), wurde im Kaiserreich dazu benützt, um dort die von den Kaisern verfaßten literarischen Werke zu drucken; die Werke, meist von nicht allzu hohem Niveau, sieht man von den poetischen Dichtungen des Kaisers Qian-long ab, wurden auch in diesem Palast aufbewahrt. Ein anderer Palast im Ostteil, der Palast der Literarischen Tiefe (*Wenyuan*), enthielt die Bibliothek des Kaisers Qian-long. Diese Bibliothek, auch unter dem Namen *Siku* bekannt, umfaßte mehr als zehntausend Bände, die nach dem alten chinesischen System der Klassifizierung der Bücher in vier Abteilungen eingeteilt waren: klassische, historische, philosophische und andere Bücher. Kaiser Qian-long ließ von der ausschließlich aus Handschriften bestehenden Bibliothek sechs identische Kopien anfertigen: eine wurde im *Yuanmingyuan* (dem alten Sommerpalast von Peking, der 1860 durch das französisch-englische Heer zerstört wurde) aufbewahrt, eine zweite Kopie in Jehol (dem heutigen Chengde, einstige Sommerresidenz des Hofes), eine dritte in Mukden (heute Shenyang, der Ursprungsort der Mandschu-Dynastie) und weitere in verschiedenen anderen Städten des Reiches. Die Sammlung ist heute in der Nationalbibliothek in Peking zu besichtigen; aber auch hier gibt es Möglichkeiten, die wertvollen Manuskripte zu sehen. Zu diesem Zweck wendet man sich am besten an die sinologischen Institute der entsprechenden Universitäten oder an Museen mit ausgebauter China-Abteilung. Dort sind die Manuskripte auf Mikrofilmen verewigt.

In der Verbotenen Stadt wurden regelmäßig in Anwesenheit des Kaisers und des Hofes bestimmte religiöse Riten abgehalten. Im ersten Monat des Mondkalenders feierte man das Fest des Vorabends des neuen Jahres (*chuxi*); früh am Morgen empfing der Kaiser im Audienzsaal die Glückwünsche der kaiserlichen Familie und der hohen Würdenträger, die am Hofe lebten. Noch wichtiger jedoch war das eigentliche Neujahrsfest (*Yuandan*), bei dem die Chinesen riesige Feuerwerke abbrannten, wodurch die Geister aufgefordert wurden, auf die Erde herabzusteigen. Prinzen, Fürsten, Beamte und die Wachen der kaiserlichen Vorzimmer hatten freien Zugang zur Verbotenen Stadt, um dem Herrscher im *Taihe dian*, dem Saal der Höchsten Harmonie, ihre Glückwünsche darzubieten. Der Herrscher saß auf dem Drachenthron, von rund fünfzig Würdenträgern ersten Grades umgeben, während auf den Treppenstufen zum Thron die Prinzen und Adeligen gemäß ihrer Stellung in streng hierarchischer Ordnung aufgestellt waren. Im Hof vor dem Palast befanden sich die Mandarine, in ihre Zeremoniengewänder gehüllt. Bei dieser Gelegenheit verschenkte der Kaiser an alle kleine Taschen, die mit den acht kostbaren Symbolen des Buddhismus bestickt waren (Gesetzesrad, Muschel, Schirm, Baldachin, Lotosblume, Krug, Fisch, mystischer Knoten). Ähnliche Zeremonien wurden im Audienzsaal der Höchsten Harmonie zur Wintersonnenwende abgehalten, sowie beim Geburtstag des Kaisers und aus Anlaß von militärischen Siegen. Nach dem Fest zum Beginn des Neuen Jahres kehrten die Teilnehmer in ihre Häuser zurück, um nun ihren Angehörigen und Freunden die Glückwünsche zu überbringen.

Im ersten Monat wurde auch das Fest zu Beginn des Frühjahrs (*dachun*) gefeiert. Dabei übergab der Zeremonienmeister dem Kaiser einen Thron, der mit einem »Frühlingshügel« (*chunshan baozuo*) gekrönt war, und die Regierungsbeamten der Stadt Peking überbrachten die Statue eines jungen Stieres (*chunniu*).

Nach Beendigung der Zeremonie kehrten die Gabenbringer in ihre Büros zurück; auf dem Rückweg wurde das Abbild des Stieres (in alten Zeiten aus Ton gefertigt, später nur mehr aus einfachem Papier) heftig geschlagen. Daher kommt auch die chinesische Bezeichnung des Festes *dachun*, was etwa »den Frühling schlagen« bedeutet. Der 19. Tag des ersten Monats im Mondkalender war der Tag des sogenannten »Festes der Neun« (*yanjiu*). Der Kaiser nahm im Kleinen Goldenen Pavillon (*Xiaojin dian*) daran teil; er vergnügte sich an Schaukämpfen und empfing mongolische Fürsten. Im zweiten Mondmonat feierte man im Pavillon des Literarischen Ruhmes (*Wenhua dian*) das Fest der Klassiker, und berühmte Literaten kommentierten in Anwesenheit des Kaisers die bekanntesten klassischen Texte.

Das waren die wichtigsten Feste, die in Anwesenheit des Kaisers in der Palaststadt begangen wurden. China verfügte ja bekanntlich seit Jahrhunderten über einen riesigen bürokratischen Apparat, dessen Mitglieder hauptsächlich aufgrund ihrer Kenntnisse der klassischen konfuzianischen Literatur ausgewählt wurden. Die Herrscher der letzten Dynastie förderten die großen, gemeinsamen literarischen Unternehmungen. So ließ z. B. Kangxi das große, nach ihm benannte Wörterbuch (*Kangxi zi-*

dian) zusammenstellen; es umfaßte mehr als 49.000 chinesische Schriftzeichen und wurde in seiner ersten Ausgabe im Jahr 1716 im Palast gedruckt. 1725 wurde im selben Palast die erste Ausgabe der größten, chinesisch gedruckten Enzyklopädie herausgebracht, die *Gujin tushu jicheng*. Kaiser Qian-long kümmerte sich um die Veröffentlichung der klassischen konfuzianischen Schriften und anderer, auch historischer Texte und ließ einen Gesamtkatalog aufstellen, in dem alle Bände der bereits erwähnten kaiserlichen Bibliothek erfaßt waren. Fast alle Kaiser der letzten beiden Dynastien sammelten Kunstschätze und bewahrten sie auf. Auch wenn ein großer Teil nach dem Boxeraufstand (1901) verloren ging oder vor 1949 in das Palastmuseum in Formosa gebracht wurde, gibt es heute immer noch zahlreiche Exemplare dieser Sammlungen in der Verbotenen Stadt. Die kaiserlichen Sammlungen wurden durch eine ganze Reihe archäologischer Funde vervollständigt, die nach Gründung der Volksrepublik China am 1. Oktober 1949 bei Ausgrabungen ans Tageslicht kamen. Meisterwerke der Malerei und Kalligraphie, Bronzen, Keramiken, Porzellan, Skulpturen, Stoffe, Juwelen und andere Kostbarkeiten, mehr als 900 000 an der Zahl, wurden gefunden und noch weit mehr ruhen im geschichtsträchtigen Boden Chinas.

Plan der Verbotenen Stadt

1 Mittagstor
2 Wachtürme
3 Goldwasser-Fluß
4 Tor der Höchsten Harmonie
5 Halle der Höchsten Harmonie
6 Halle der Vollkommenen Harmonie
7 Halle der Erhaltung der Harmonie
8 Tor der Himmlischen Reinheit
9 Palast der Himmlischen Reinheit
10 Pavillon des Gegenseitigen Wohlbefindens
11 Palast der Irdischen Ruhe
12 Kaiserlicher Garten
13 Nördliches Tor
14 Alte Kaiserliche Druckerei
15 Garten
16 Westliche Küchen
17 Palast des Geistigen Wachstums
18 Sechs Westliche Paläste
19 Halle des Blühens der Literatur
20 Südliche Küchen
21 Neun-Drachen-Wand
22 Pavillon der Ahnenverehrung
23 Palast der Enthaltsamkeit
24 Sechs Östliche Paläste
25 Tor der Ruhe und Langlebigkeit
26 Halle der Kaiserlichen Erhabenheit
27 Tor der Charakterbildung
28 Pavillon der Charakterbildung

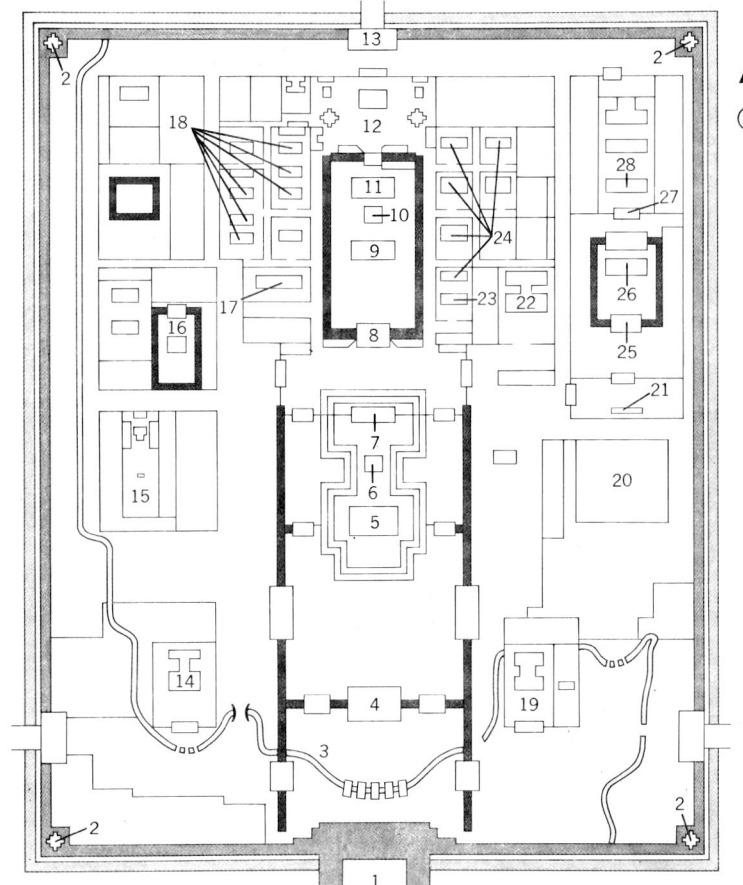

Steinfigur aus der Ming-Zeit, einen »Beamten mittleren Grades« darstellend.

Ausschnitt aus einem Gemälde, das anläßlich der nach antiken dynastischen Riten gefeierten Hochzeit des Kaisers Kuang-hsü (1875–1908) im Jahre 1889 entstanden ist. Der Ausschnitt beschreibt die Zeremonie, mit der im Hof vor der Halle der Höchsten Harmonie (im Hintergrund) der Kaiserin die Hochzeitsgaben überreicht wurden. Die Halle der Höchsten Harmonie wurde zu Ehren der Braut, die in den Palast einzog, mit den kaiserlichen Insignien geschmückt. Während der Herrscher im Hochzeitsgewand der Kaiserin-Mutter huldigte, begab sich eine Abordnung mit den

kaiserlichen Insignien in das Haus der Braut, um sie zur Kaiserin zu
krönen und anschließend zum Palast zu geleiten. In einer Sänfte, die in
Form eines Phönix gehalten war, durchschritt sie das Tor der Großen
Reinheit und das Tor der Fünf Pagoden und gelangte, begleitet von
Gongschlägen und Trommelwirbeln, zur Halle der Höchsten Harmonie.
Dort huldigte sie zuerst dem Kaiser und wurde dann in einem Geleitzug in
das Hochzeitsgemach im Palast der Irdischen Ruhe gebracht.

Links Wachturm im Nordwesten der Mauer, die zusammen mit einem Wassergraben die Verbotene Stadt umgibt. Unten der Wachturm in der nordöstlichen Ecke. Die chinesische Architektur mißt dem Dach größte Bedeutung bei, das aus einer Reihe von übereinandergesetzten Walmdächern mit aufgebogenen Ecken besteht. Die Ziegel sind abwechselnd konkav und konvex; die Ziegelfarbe für die allgemeinen Gebäude ist grau, für die großen, offiziellen Gebäude und die Tempel werden die Ziegel blau, gelb oder rot lackiert. Die Dächer der Verbotenen Stadt sind alle in kaiserlichem Gelb gehalten.

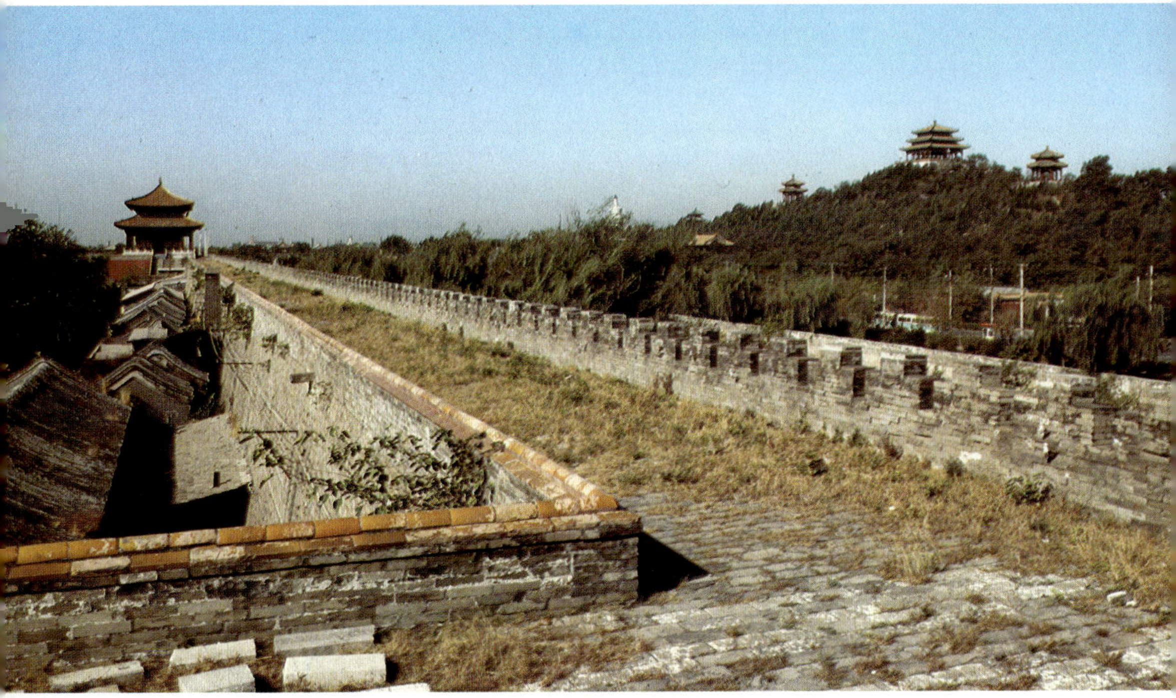

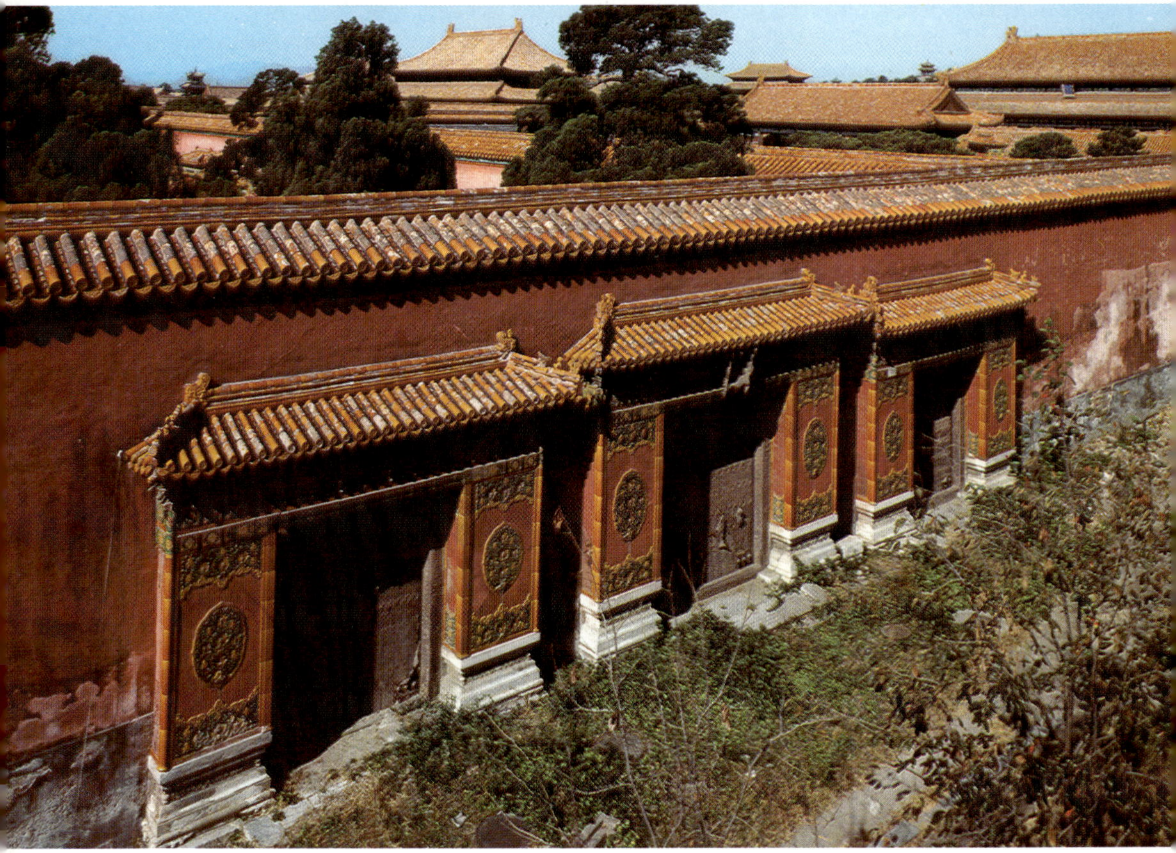

Links oben auf der Umfriedungsmauer im nördlichen Teil (im Hintergrund das nördliche Tor zur Verbotenen Stadt). Links unten Zugang zum
privaten Wohnungsbereich des Hofpersonals. Unten das Mittagstor (Wu-
men). Es ist das bedeutendste Tor des Palastes, denn es führt zum innersten
Bereich der Palaststadt. Hier nahm der Kaiser die Siegesparaden seines
Heeres ab, und hier verkündete er den neuen Kalender.

Folgende Doppelseite der Hof vor dem Tor der Höchsten Harmonie.
Durch dieses Tor gelangt man in einen zweiten Hof, den größten der
Palaststadt, der von der Halle der Höchsten Harmonie beherrscht wird.
Im Vordergrund der Kanal »Goldwasser-Fluß« mit einer der fünf Brücken
aus weißem Marmor. Die chinesische Architektur basiert auf dem System
der zentralen Nord-Süd-Achse; auf dieser Achse liegen, eines hinter dem
anderen, alle offiziellen Gebäude; sie werden durch Höfe voneinander
getrennt, die an den Seiten durch Nebengebäude abgeschlossen sind.

Unten Teilansicht einer Biegung des »Goldwasser-Flusses«, im ersten Hof vor dem Tor der Höchsten Harmonie, mit der feingemeißelten weißen Marmorbalustrade. Das Tor der Höchsten Harmonie ist ein Gebäude mit einer Breite von 58 Metern und einer Grundfläche von 1800 qm. Im Innern dieses Tores nahmen die Ming-Kaiser Bittschriften entgegen und verkündeten ihre Entscheidungen, die sie aufgrund der von Ministern und Beamten vorgelegten Berichte fällten. Rechts die mittlere Zufahrtsrampe zur Halle der Höchsten Harmonie, die leicht erhöht auf der dreigestuften »Drachenterrasse« steht. Drei Treppen führen zur Halle hinaus, ihr

Gebrauch ist streng geregelt: nur der Kaiser hat das Recht, auf der mittleren Rampe über die Drachen zu schreiten, dem Symbol kaiserlicher Macht. Die »in den Wolken fliegenden Drachen« sind in einen einzigen Granitblock (16,57 m lang, 3,07 m breit und 1,70 m dick) gemeißelt. Sein Gewicht beträgt ca. 250 t. Zu beiden Seiten der Rampe sind Treppenstufen für die Sänftenträger angebracht.

Unten die Halle der Höchsten Harmonie, Zentrum von Macht und Würde des Himmelssohnes. Sie erhebt sich auf einer dreistufigen Terrasse über dem weiten, ca. 30 000 qm großen Hof. Mit einer Höhe von 35 m und einer Grundfläche von 2377 qm ist sie der höchste und weiträumigste aller kaiserlichen Pavillons. Hier wurden die wichtigsten Zeremonien abgehalten wie Hochzeiten und offizielle Ankündigungen, hier fanden die Feierlichkeiten zu den verschiedenen Jahreszeitfesten statt wie dem Beginn des Mondjahres, der Wintersonnenwende oder dem Geburtstag des Kaisers. Rechts Teilansicht der Veranda an der Vorderseite der Halle der Höchsten

Harmonie, von der aus man den weiten Hof überblickt. Auf der Terrasse vor den Holzsäulen nahmen bei großen Feierlichkeiten Prinzen, Fürsten und hohe Würdenträger Platz. Im östlichen Teil des Hofes spielte ein Orchester mit kleinen Instrumenten wie Flöten, Harfen, Glocken und Lauten, auf der Gegenseite war das Orchester mit den großen Instrumenten, dem Gong, den Trommeln und Pauken untergebracht. In der Mitte des Hofes standen die Gesandten aus fremden Ländern, weitere Würdenträger und andere geladene Gäste. Vor der kaiserlichen Sänfte ging die Ehrenwache, die den Weg entlang silberne und goldene Tiere (Löwen und Schildkröten) als Symbol der Macht aufstellte, sowie Fahnen und Standarten. Der andere Teil des Zuges mit der Kutsche aus Jade blieb draußen vor dem Mittagstor. Der Kaiser trug bei diesen Gelegenheiten goldene, mit Drachenmotiven bestickte Gewänder.

Der Thron in der Mitte der Halle der Höchsten Harmonie: reich mit Holzschnitzwerk verziert und vergoldet steht er auf einer Estrade, auf die sieben Stufen hinaufführen. Zu beiden Seiten dieser kurzen Treppe stehen kostbare, mit Cloisonné-Emailmalerei verzierte Räucherbecken, hinter dem Thron ein aus Holz geschnitzter und vergoldeter Wandschirm. Der Thron selbst ist von sechs vergoldeten Säulen umgeben, in die Motive mit geflügelten Drachen eingeschnitzt sind; diese Säulen heben sich deutlich von den 72 anderen, rotlackierten Säulen des Raumes ab, die die reich geschnitzte Kassettendecke tragen. In der Decke leuchtet über dem Thron das zentrale Motiv der mit Perlen spielenden Drachen. In dieser Halle nahm der Sohn des Himmels die rituellen Huldigungen der Fürsten und Würdenträger entgegen, die sich im Kotau vor ihm niederwarfen und dabei jedesmal den Boden mit der Stirn berührten. Die Halle der Höchsten Harmonie wurde wie alle Gebäude des Kaiserpalastes zwischen 1407 und 1420 erbaut; im Jahr 1669 wurde sie neu errichtet und 1775 restauriert.

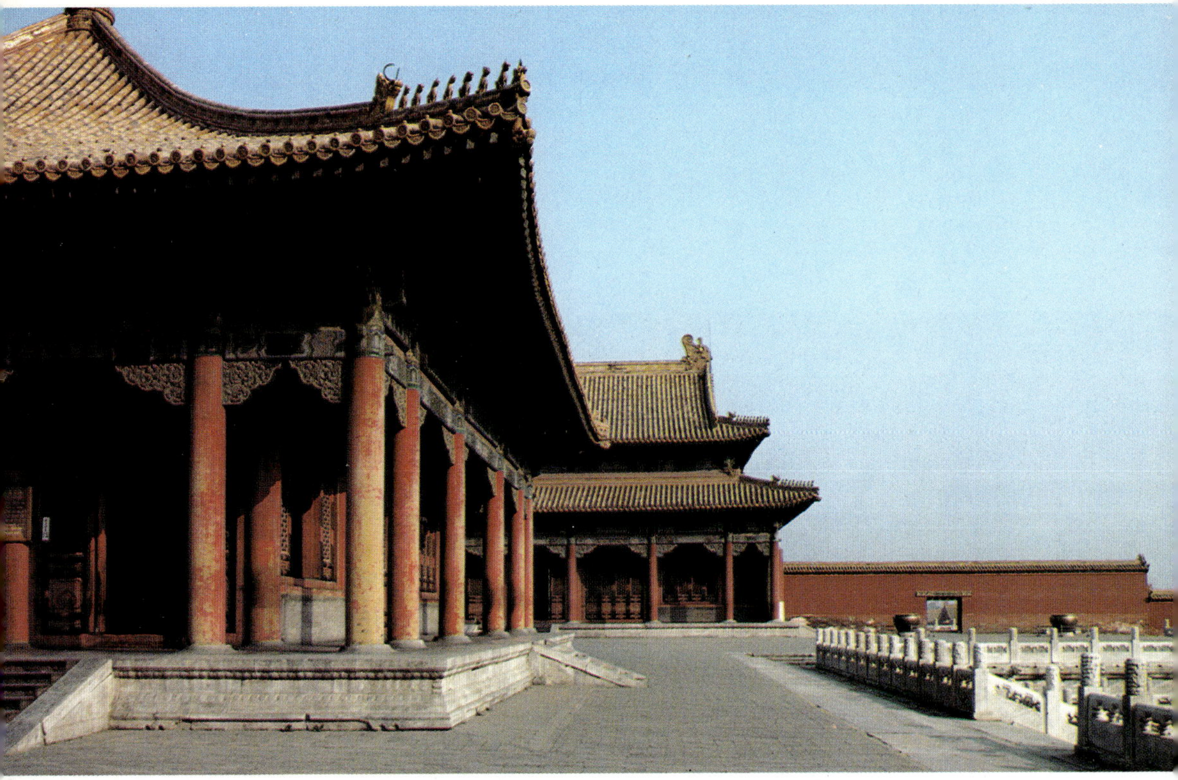

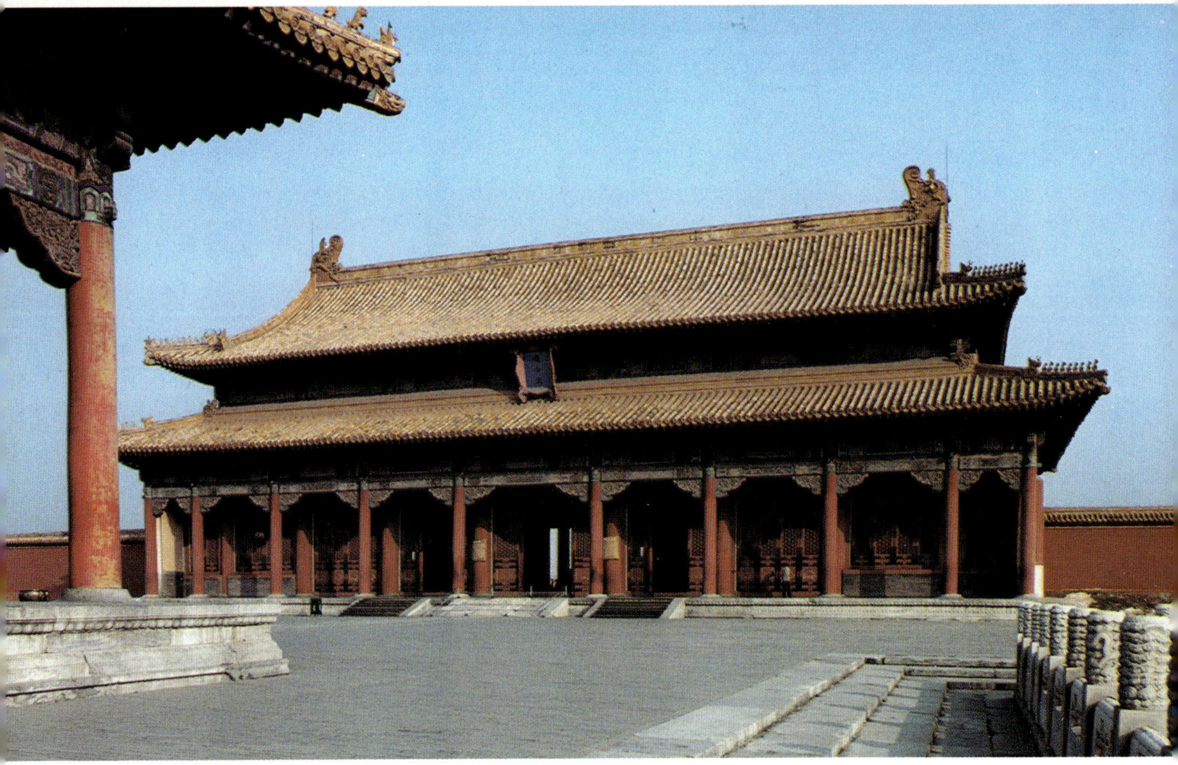

Hinter der Halle der Höchsten Harmonie erheben sich auf derselben
Terrasse und immer auf der Nord-Süd-Achse die Halle der Vollkommenen
Harmonie und die Halle der Erhaltung der Harmonie (links oben):
zusammen bildeten diese drei Bauten die Repräsentationshallen. Links
unten die Halle der Erhaltung der Harmonie. Rechts Innenraum der
Halle der Erhaltung der Harmonie mit dem Thron in der Mitte auf der
traditionellen Estrade. Hier fanden die Bankette statt, die von den Qing-
Kaisern bei verschiedenen rituellen Festlichkeiten den Fürsten,
Würdenträgern und Gesandten zu Ehren abgehalten wurden. Die Halle

war auch Sitz der Prüfungen, denen sich alle unterziehen mußten, die die
höchsten Ämter in der Staatsbürokratie anstrebten. Folgende Doppelseite
die Halle der Vollkommenen Harmonie. Das Gebäude steht auf einem
quadratischen Grundriß, nach allen Seiten öffnen sich Fenster, eine Reihe
freistehender Holzsäulen bildet eine Veranda im Schutz des Dachkranzes.
Hier ruhte sich der Kaiser während der Feierlichkeiten aus und empfing
die Würdenträger des Protokolls, ehe er zur Halle der Höchsten Harmonie
weiterging.

Links Inneres der Halle der Vollkommenen Harmonie mit dem von zwei Räucherbecken flankierten Himmelsthron. Die vier Wände der Halle bestehen aus Fenstern und Türen mit Glaseinsatz, die dem großen Raum unvergleichliches Licht und Helligkeit geben. Hier wurde die Botschaft verfaßt, die in Anwesenheit des Kaisers bei der traditionellen Feier im Tempel der Vorfahren verkündet wurde. Einmal im Jahr wurde das Saatgut der neuen Ernte geprüft, und die Götter wurden um eine gute Ernte angefleht. Rechts eines der Weihrauchgefäße neben dem Kaiserthron in der Halle der Vollkommenen

Harmonie. Die Kunst der Bronzebearbeitung, die sich bis zum Cloisonné, dem Zellenschmelz, mit seinen vielfältigen Möglichkeiten entwickelte, ist eine der ältesten Traditionen des chinesischen Kunsthandwerks. Bereits im 11. Jahrhundert v. Chr. wurden Sakralgefäße aus Bronze geschaffen. Beherrschung der Technik in höchster Vollendung, ausgewogene Formen und phantasievolles, elegantes Dekor sind der Grund dafür, daß die chinesischen Bronzegefäße zum Schönsten gezählt werden, was das Metallkunsthandwerk auf der Welt je hervorgebracht hat.

Das Tor der Himmlischen Reinheit. Es stellt den Hauptzugang zu den »drei hinteren Palästen« dar, dem Palast der Himmlischen Reinheit, dem Pavillon des Gegenseitigen Wohlbefindens und dem Palast der Irdischen Ruhe. Diese drei Bauwerke bilden zusammen den »inneren Hof« der Verbotenen Stadt. Das Tor wurde 1429 errichtet und 1655 in seiner heutigen Form erneuert. Hier empfing der Herrscher oftmals die Mandarine und die Beamten aus den verschiedenen Ministerien. Durch das Tor der Himmlischen Reinheit gelangte man in den am wenigsten zugänglichen Teil der Verbotenen Stadt. Dieser Bereich war nicht für die feierlichen Zeremonien gedacht, sondern allein den Geschäften des Reiches vorbehalten: hier war somit der Sitz der Macht. In der Abbildung ist im Vordergrund einer der zahlreichen Bronzebottiche zu erkennen, die - mit Wasser gefüllt – bereits seit frühester Zeit in jedem Hof der Verbotenen Stadt aufgestellt wurden als Hilfsmaßnahme zur schnellen Feuerbekämpfung. Zu Füßen der Treppe zwei Bronzelöwen. Östlich und westlich des Tores der Himmlischen Reinheit führen zwei weitere Tore zu den seitlichen Gebäuden, die den Komplex der privaten Gemächer bildeten.

Drei Details der Bronzelöwen, die vor dem Tor der Himmlischen Reinheit Wache halten. Vor allen Pavillons der Verbotenen Stadt wurden Löwenfiguren aus Bronze oder auch Marmor aufgestellt. Der Löwe war das Symbol der Kraft und sollte als Wächter das jeweilige Gebäude beschützen. Meist ist es ein Löwenpaar. Die Löwin zeigt, trotz aller Wildheit, immer mütterliche Züge: mit einer Pranke spielt sie hier mit einem Jungen. Der Löwe hält eine Pranke auf einer Kugel und symbolisiert damit die Weltherrschaft. Folgende Doppelseite der Innenraum des Palastes der Himmlischen Reinheit, in dessen Mitte der

Thron mit dem Arbeitstisch steht. Hinter dem Thron ein Wandschirm aus vergoldetem, mit Schnitzereien verziertem Holz und erbaulichen Inschriften der chinesischen Klassiker. Auch der Thronsessel ist von einer großen, vom Kaiser Shun Zi selbst verfertigten Inschrift bekränzt, deren vier Schriftzeichen besagen: »Je höher jemand steht, umso mehr untersteht er den Vorschriften.« In diesem Raum beschäftigte sich der Sohn des Himmels mit Fragen des Protokolls.

無輕民事惟難

惟精惟一道積于厥躬

40

Gesamtansicht des Palastes der Himmlischen Reinheit, dem größten und
bedeutendsten der drei »hinteren Paläste«. Auch diese drei Gebäude
stehen wie die Repräsentationshallen auf einer Marmorterrasse im
Zentrum des Hofes und liegen hintereinander auf der Nord-Süd-Achse.
Der Palast der Himmlischen Reinheit wurde 1420 erbaut, mußte jedoch
nach mehreren Feuerkatastrophen mehrmals wiederaufgebaut werden.
Das heutige Bauwerk stammt aus dem Jahr 1797; es hat vergoldete Türen,
ist kostbar verziert und in neun Bereiche unterteilt.

Eine der hochgezogenen Ecken, die das Dach des Palastes der Himmlischen Reinheit schmücken. Elf Figuren aus lackiertem Ton schmücken, in einer Reihe hintereinanderstehend, den First. Die erste Figur stellt einen Reiter zu Pferd dar (rechts unten), die anderen sind Fabelwesen. Nach alter Überlieferung sollten diese Figuren das Haus und dessen Bewohner vor bösen Geistern beschützen, die des Nachts um das Haus streichen könnten und versuchen einzudringen; dabei verfangen sie sich in den Firstfiguren auf dem Dach und lösen sich auf.

Links Teilansicht des Palastes der Himmlischen Reinheit. Auf der Terrasse im Vordergrund ist ein Sakramentshäuschen zu sehen; darin wurde ein Maß Weizen als Symbol des Überflusses aufbewahrt. Rechts Detail eines Marmorlöwen der Balustrade. Der Palast der Himmlischen Reinheit wurde von den Kaisern der Ming-Dynastie als Privatresidenz des Herrschers erbaut. Unter den Qing-Kaisern wurde er zur Audienzhalle umfunktioniert. Der Kaiser empfing hier Minister und Würdenträger, prüfte Eingaben, Petitionen, Bitt- und Gedenkschriften, die von der äußeren Kanzlei an die innere Kanzlei weitergegeben wurden und die ihm die Eunuchen in seiner unmittelbaren Umgebung überreichten. Die Entscheidungen des Kaisers durchliefen denselben Weg in umgekehrter Reihenfolge. Daher rührte die große Macht der Eunuchen.

Links der Pavillon des Gegenseitigen Wohlbefindens. Er stellt symbolisch die Verbindung dar zwischen dem Kaiser, dessen Sitz im Palast der Himmlischen Reinheit war, und der Kaiserin, die im Palast der Irdischen Ruhe residierte. Der Pavillon des Gegenseitigen Wohlbefindens steht genau zwischen den beiden erwähnten Gebäuden. Im Jahr 1420 errichtet und 1655 restauriert, war er ursprünglich der Thronsaal der Kaiserin. Während der Regierungszeit von Qian-long (18. Jh.) wurden in diesem Gebäude die kaiserlichen Siegel aufbewahrt.

Rechts der Palast der Irdischen Ruhe. In der Ming-Epoche war hier die Residenz der Kaiserin. Während der Qing-Dynastie wurde der Ostteil der Halle als Brautkammer für die Hochzeitsnacht des Kaisers eingerichtet. Die Wände des Zimmers sind ganz mit Stoff in der roten Farbe des Glücks bezogen. Auf der einen Seite steht das Hochzeitsbett, auf der anderen der große Bett-Kang, das typisch chinesische, von innen geheizte Bett aus Ziegelsteinen, auf das sich der Herrscher und seine junge Frau setzten, um den Brautbecher zu leeren. In den Tagen nach der Hochzeit begab sich das Brautpaar zur Kaiserinmutter, um ihr zu huldigen.

Links ein Dreifuß mit einem Weihrauchbrenner aus Bronze im Zentrum des kaiserlichen Gartens. Dieser Garten wurde auf einer Fläche von 7200 qm in der Ming-Zeit angelegt und ist bis heute unverändert geblieben. Unten der Pavillon der »Zehntausend Frühlinge«, 1535 im Ostteil des Gartens erbaut. Seinen Namen erhielt er, weil er dem Kaiser gewidmet ist, dem mit dem Ausruf »zehntausend Leben« gehuldigt wurde. Direkt gegenüber erhebt sich ein der Kaiserin gewidmeter Pavillon mit dem Namen »Tausend Herbste«.

Links einer der vergoldeten Bronze-Elefanten neben dem Nordausgang des Gartens. Als Symbol der Stärke und der Langlebigkeit ist der Elefant neben der Schildkröte bereits seit den ersten Zeiten eines der am meisten verbreiteten Tiere in der Kunst des chinesischen Kaiserhofes. Elefanten aus Stein stehen zusammen mit anderen majestätisch anmutenden Tieren entlang der »heiligen Straße«, die zu den Kaisergräbern der Ming-Dynastie vor den Toren Pekings führt. Unten Detail der Schabracke auf dem Rücken des Elefanten; das Flachrelief stellt

einen Drachen dar. Der Drachen genießt in der Mythologie Chinas große symbolische Bedeutung. In der Hierarchie der Lebewesen kommt er sofort nach dem Menschen. Er fühlt sich auf der Erde, im Wasser und in der Luft gleichermaßen in seinem Element und von alters her wurden ihm übernatürliche Kräfte zugemessen. Sein Erscheinen wurde als glückliches Vorzeichen betrachtet (Symbol des fruchtbringenden Regens) und als gutes Omen für den erfolgreichen Ausgang der Staatsgeschäfte.

Unten eine der Eingangstüren zu den verschiedenen Wohngebäuden
östlich und westlich der kaiserlichen Repräsentationsbauten. Rechts die
Flucht der Türen in einem der beiden Korridore, die parallel zu den großen
Palästen verlaufen. Zwischen den Toren befinden sich die Eingänge zu den
Residenzen, die wiederum aus mehreren Pavillons bestehen. Es wiederholt
sich auch hier das Schema der typischen chinesischen Häuser: Der Zugang
führt auf einen Hof, in dem als erstes das wichtigste Gebäude steht, dem
eine Reihe weiterer, kleinerer Pavillons folgt.

Links ein Kranich aus Bronze vor dem Pavillon der Erhaltung der Eleganz. Rechts Frontansicht des Gebäudes. Zu Beginn der Ming-Dynastie erbaut, diente dieser Pavillon als Residenz der Kaiserinnen und der kaiserlichen Konkubinen. Kaiserin Ci Xi, die in China gegen Ende der Qing-Dynastie um die letzte Jahrhundertwende herrschte, beschloß, hier ihren 50. Geburtstag zu feiern. Aus diesem Grund ließ sie den Pavillon vollkommen renovieren und gab dafür den stolzen Betrag von 1,5 Millionen Silbertalern aus. Danach nützte sie den Pavillon als Residenz und umgab sich mit höchstem Pomp, während die Dynastie bereits dem Untergang geweiht war. Folgende Doppelseite Ansicht eines der kaiserlichen Zimmer mit Möbeln des 18. und 19. Jahrhunderts. Dieses Gebäude gehört zu den Sechs Westlichen Palästen, die westlich der »drei hinteren Paläste« errichtet wurden; östlich davon und völlig symmetrisch befinden sich die Sechs Östlichen Paläste, auch sie den Frauen vorbehalten.

Ausschnitt aus einem Gemälde, das die Geburtstagsfeierlichkeiten für die Mutter des Kaisers Qian-long (1736–1796) beschreibt. Der Geburtstag der Kaiserin-Mutter wurde als »Fest der Langlebigkeit« begangen. Die großen Feste des Reiches fielen auf den Geburtstag des Herrschers (»Fest der zehntausend Frühlinge«), den Geburtstag der Kaiserin (»Fest der tausend Herbste«) und den Geburtstag der Kaiserin-Mutter. Dazu gab es noch die Feierlichkeiten, die mit dem Kaiser und seiner Rolle als »Sohn des Himmels« zusammenhingen: das Neujahrsfest und das Fest zur

Wintersonnenwende. Das Zeremoniell für diese großen Ereignisse war seit Jahrhunderten festgesetzt und unveränderlich; Würdenträger und Mandarine, Prinzen und Fürsten, ausländische Gesandte und Minister marschierten auf, in Gewändern, deren Farben und Schnitt streng vom Protokoll geregelt waren, und zwar in Bezug auf die Funktionen und die hierarchische Stellung der Träger. Am Geburtstag des Kaisers fanden keine Hinrichtungen statt.

*Unten der Pavillon des Geistigen Wachstums. Hier hatte der Herrscher
sein Privatbüro, das durch einen Laubengang mit dem Pavillon der
Himmlischen Reinheit verbunden war, wo die öffentlichen Audienzen
stattfanden. Einige Herrscher der Qing-Dynastie hatten hier auch ihre
Wohnung, wobei das Schlafzimmer im Raum östlich des zentralen Saales
eingerichtet war. Rechts der zentrale Saal mit dem Thron. In der
kostbaren Kassettendecke ist das traditionelle Motiv des mit Perlen
spielenden Drachen eingeschnitzt.*

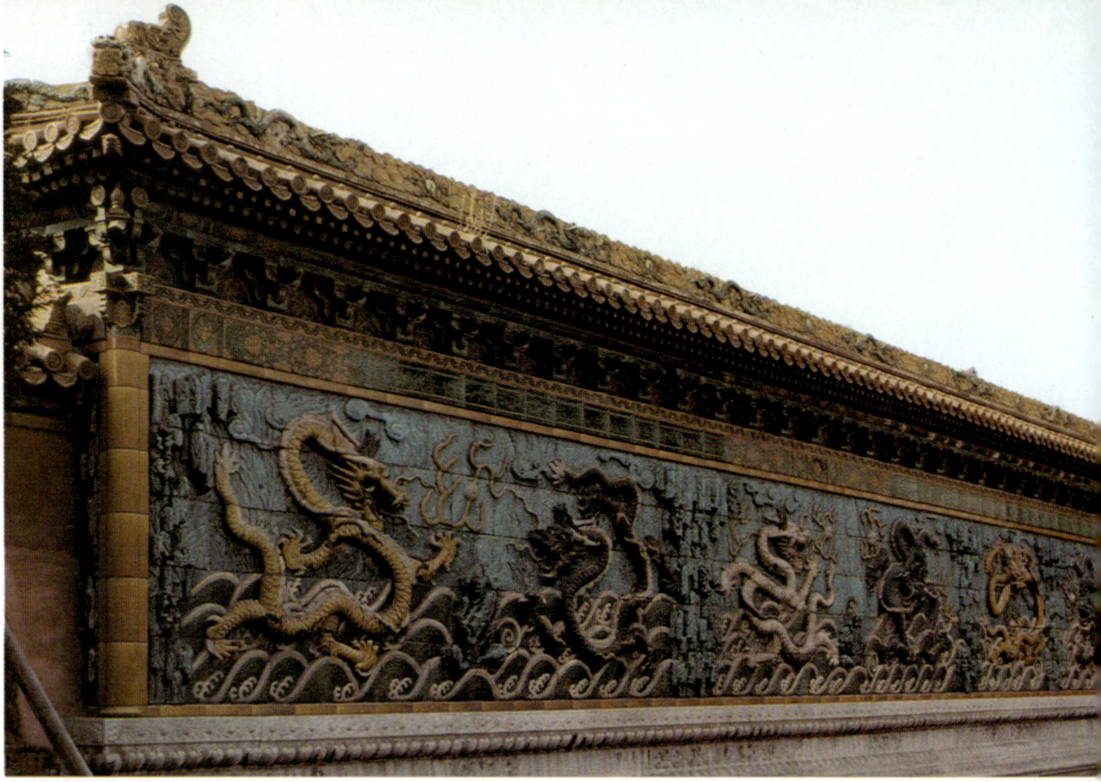

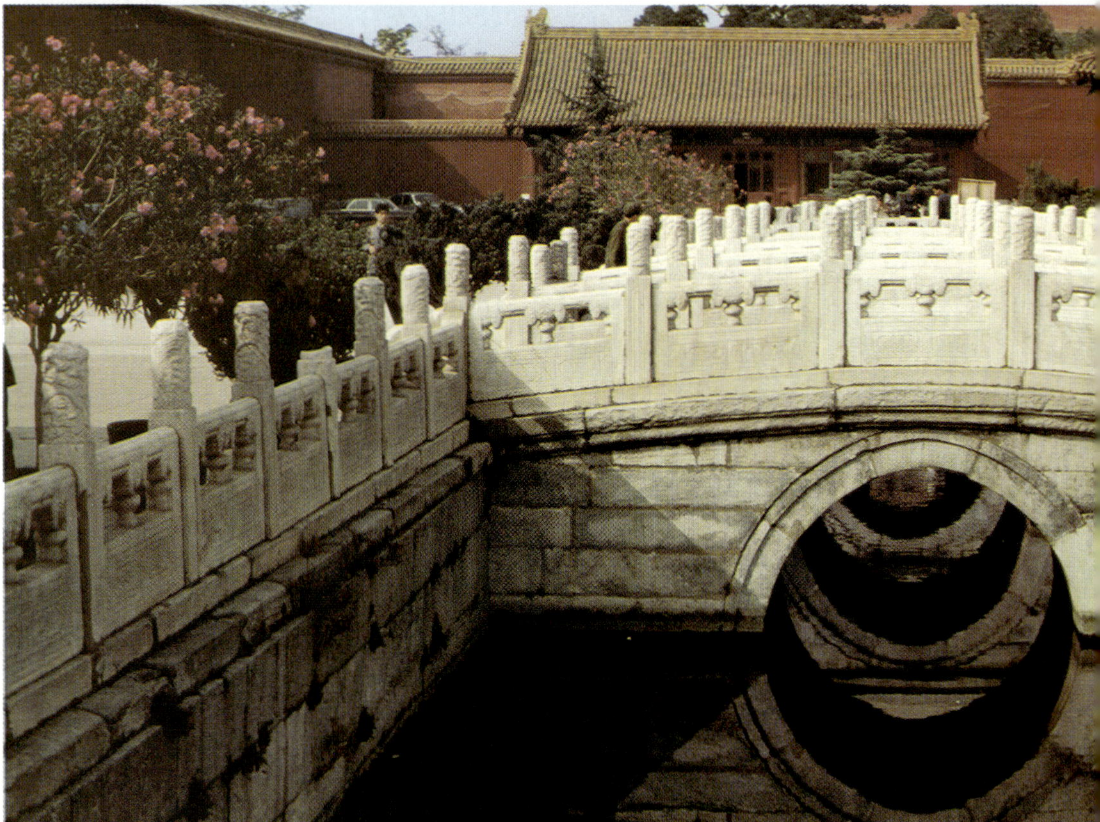

Oben die Neun-Drachen-Wand im Ostteil der Verbotenen Stadt. Die Mauer wurde im 38. Jahr der Regierung Qian-longs erbaut (1774) und ist ganz mit einem »Bild« aus 270 emaillierten Keramikkacheln bedeckt. Die Kacheln bilden im oberen Teil einen Wolkenhintergrund und im unteren Teil eine bewegte Wasserfläche, auf der sich neun Drachen scharf vom Untergrund abheben. Die heiligen Tiere sind alle in verschiedenen Farben gehalten, der mittlere ist gelb, die ausschließliche Farbe des Kaisers; es sind neun Drachen, da diese Zahl in der chinesischen Mythologie als Sinnbild der Vollkommenheit gilt. Dieses herrliche Keramik-Wandbild ist 6 m hoch und 31 m lang. In ganz China existieren nur drei Darstellungen dieser Art. Außer an der Neun-Drachen-Wand in der Verbotenen Stadt gibt es ein weiteres solches Wandbild im Park von Beihai (Nördlicher See); ein anderes befindet sich in Daton in der Provinz Shansi. Die Marmorbrücke (unten) führt über einen kleinen künstlichen See beim Pavillon der Ahnenverehrung, der ebenfalls im Ostteil der Verbotenen Stadt steht.

Der Pavillon der Ahnenverehrung, in dem der Kaiser seinen Vorgängern huldigte und ihnen zu Ehren Opfer darbrachte. In den ersten Jahren der Ming-Dynastie errichtet, erhebt er sich auf einer dreistufigen Terrasse, um deren Rand eine Balustrade aus weißem Marmor läuft. Nach dem Niedergang des Reiches im Jahr 1911 wurde der Tempel zu Begräbnisfeierlichkeiten für die bedeutendsten Persönlichkeiten der Republik benutzt, und später wurde dort ein Kulturzentrum eingerichtet. Zur Zeit feiern in diesem Palast die jungen Brautpaare Pekings die bekannten Gemeinschaftshochzeiten.

Links eine große Schildkröte aus Bronze. Dieses heilige Tier stand in der chinesischen Symbolik für Langlebigkeit und Weisheit, außerdem versinnbildlichte es die kaiserliche Macht. Am Eingang zu jedem kaiserlichen Bereich standen Schildkröten aus Stein, Marmor oder Bronze. Oft trugen sie eine Stele mit Inschriften der chinesischen Klassiker auf dem Rückenpanzer. Unten das Tor der Ruhe und Langlebigkeit. Von ihm aus gelangt man in die Halle der Kaiserlichen Erhabenheit, in der heute eine Sammlung alter Gemälde untergebracht ist.

Durch das Tor der Charakterbildung (folgende Doppelseite) gelangt man in einen Bereich, in dem drei Hallen hintereinander in Nord-Süd-Richtung stehen. Es sind die drei Pavillons, in denen Kaiser Qian-long nach seiner Abdankung lebte. Er zog sich in hohem Alter zurück, nach einer der längsten Regierungszeiten, die China erlebte. Der erste, der Pavillon der Charakterbildung, ist der Hauptpavillon; der zweite enthielt die Bibliothek, der dritte war der Ruheraum des Kaisers.

Einige Details der Verzierung aus emaillierter Keramik, mit der das Tor der Charakterbildung geschmückt ist. Das Tor wurde bereits vor der Regierungszeit Qian-longs errichtet, unter seiner Herrschaft jedoch restauriert und mit neuen Ornamenten versehen. Während der Regierungszeit Qian-longs erlebten die chinesische Kunst und im besonderen das Keramik-Kunsthandwerk einen der Höhepunkte in der gesamten Geschichte des Landes. Die für diese Arbeiten verwendete Keramik – Grès genannt – wurde mit höchsten Temperaturen (1200–1400 Grad) gebrannt, glasiert und wetterfest gemacht. Das Material hält dem Verschleiß durch die Zeit und allen Temperaturschwankungen stand. Aufgrund seiner großen Härte kann es wie Edelstein bearbeitet werden, wodurch die schönsten Wirkungen in der Verzierung erzielt werden können. Diese Keramik war, obwohl sie eine französische Bezeichnung hat, in China schon um 1500 v. Chr. bekannt und erreichte ihren Höhepunkt in der Tang-Zeit (618-907), einer der großen Perioden in der Kunstgeschichte Chinas.

Links ein Bonsai *aus Edelstein und Pietradura aus der Qian-long-Zeit. Es handelt sich hier um die kostbare Nachbildung eines Produktes aus einer der ungewöhnlichsten Künste Chinas, der Zucht von Miniaturpflanzen. Unten ein Elefant aus Lapislazuli, mit Goldintarsien, Perlen und Edelsteinen geschmückt, ebenfalls aus der Qian-long-Zeit. Beide Gegenstände befinden sich im Pavillon des Blühens der Literatur, in dem ein Teil der kaiserlichen Juwelen und Schätze ausgestellt ist.*

Inhalt